阿利斯泰尔·贝格（Alistair Begg）著

刘雅歌 译

中间十字架上的那一位

The Man on the Middle Cross

你 能 进 天 堂 吗？

ARE YOU GOING TO HEAVEN?

Published by 10Publishing, a division of 10ofThose Ltd.
Unit C, Tomlinson Road
Leyland, PR25 2DY, UK

This translation is published with the support of Truth For Life, the Bible-teaching ministry of Alistair Begg.
www.truthforlife.org

TRUTHFORLIFE
THE BIBLE-TEACHING MINISTRY OF **ALISTAIR BEGG**

中间十字架上的那一位

作者：阿利斯泰尔·贝格（Alistair Begg）
翻译：刘雅歌
编辑：天路客

ISBN：978-1-965805-63-3
eBook ISBN：978-1-965805-64-0

除非特别说明，本书所有经文均引自和合本圣经。

　　在这本书中，我想分享三个震撼人心的故事。每一个故事都记录了一次改变人生轨迹的对话。

　　这些相遇的故事都出自圣经。你或许认为圣经是一部古老的经典，与当今时代关联不大。但我希望能让你看到，它实际上讲述了一个伟大的拯救故事——上帝如何进入我们日常生活的每个境遇，在此过程中带来盼望和更新，并带领我们归向他。

阿利斯泰尔·贝格（Alistair Begg）

俄亥俄州查格林福尔斯

第一章

起初，这只是为了好玩——做一次 DNA 检测。说实话，她希望这能让她更了解自己，找到某种更深的归属感，填补内心那种难以言说的空缺。她一直对家族史很好奇，想知道关于远房意大利亲戚的传闻是否属实。也许多了解一些自己的出身，能帮她消除那种挥之不去的失落感。她没有马上寄出检测样本，而是一直拖延着。直到有一天，她觉得反正也没什么损失，就寄出了样本，甚至带着几分兴奋，想要知道结果如何。

但当结果出来后，那种兴奋却被别的感受取代了。先是困惑，接着是难以置信，然后是一种她自己也说不清的更复杂且飘忽不定的情绪。

她的父亲并非她的亲生父亲。

这个事实像一块石头沉甸甸地压在她的胸口。她反复核对结果，在网上搜索解释，翻来覆去地查看文件。但白纸黑字，证据确凿。

她回想起自己的童年，反复回想那些聊天对话、家人一起度假和圣诞晚餐的场景。她是不是漏掉了什么蛛丝马迹？其他人是不是早就知道了？这些问题在心里搅成一团，但她没有告诉任何人。当然不能告诉母亲，她的姐妹、女儿甚至最亲密的朋友也都不能知道。

这一切意味着什么？她独自背负着这个秘密，像一道看不见的伤痕。有时，她几乎感觉不到伤痛；但有时，她又痛得简直喘不过气来。她感到如此孤独，如此与人隔绝，而一直渴望的那种完整感也离她更远了。

她不是第一个想要追寻更多意义的人。早在公元 30 年左右，另一个女人也有过同样的渴望。

中东地区天气酷热，大多数人都待在家里避暑。但在村外，一位犹太男子在古老的石井旁停下来休息。他的长袍满是尘土，双脚因长途跋涉而酸疼。

一个女人从村里走来，扛着一个沉甸甸的水罐。

一个男人。一个女人。

"请给我点水好吗？"男人问道。

这对我们来说似乎没什么大不了的。但在那个时代、那个地区，这可是件大事。那个时候，有些男人会这样祷告："上帝啊，感谢你没让我生为女人。"

这就是第一记重击：一个男人正在和一个女人交谈。

紧接着是第二记重击：她是个撒玛利亚女人。

我小时候常听闻北爱尔兰的动乱，新教徒和天主教徒之间枪声和爆炸不断。犹太人和撒玛利亚人之间的仇恨也是如此深重，充满了猜疑和敌意。然而，耶稣，一位犹太男子，却与这位撒玛利亚女子交谈起来。

"请给我点水好吗？"

让我们留意一下这个女人。当时正值中午，酷热难耐。大多数妇女会在清晨或夜晚凉爽的时候去打水，但这个女人却挑选周围没人的时候来井边。这有点像在深夜商店快关门的时候才去购物，或者在过了就寝时间才去药店拿药。可以肯定的是，她不想跟人打交道，不想被人议论。

她不知道，即将遇见的这个男人其实有权评判她——但他同时也是她所见过的最慈爱的人。这位犹太人，拿撒勒的耶稣，看到的远不只是她的过往和过错，还知晓她隐秘的悲伤和渴望。他不会给她定罪，而是要给她一种从未体验过的爱与恩典。

他开口了："请给我点水喝好吗？"

你有没有想过，如果耶稣坐在你身边跟你交谈，会是怎样的？他会说些什么？你觉得他会一开始就大段大段地引用圣经吗？"不可做这事，不可做那事，不可……"

不，他只是要了点水。这个简单的请求一下子震惊了她。她立刻回答道："这真奇怪。你是犹太人，我是撒玛利亚人。"

耶稣当然知道这一点。

"如果你觉得很意外，"他说，"那等你听完我要说的，会更震惊的。"

她以为自己可以帮助他。毕竟，他想要喝口水，而她有水罐。但实际上，她才是那个需要帮助的人。

谈话突然来了个急转弯。"如果你知道跟你说话的是谁，你必早求他，他也必早给了你活水。"他说。

她很惊讶。他没有水罐，而且井又很深。他到底在说什么？这活水又是什么？

"听着，"耶稣说，"凡喝这水的，还要再渴；人若喝我所赐的水，就永远不渴。"这活水可没法从井里打上来。耶稣的话颇有深意，他知道她渴望真理和永恒的满足。

但她却完全没有领会："嗯，这听起来不错！请把这活水赐给我，叫我不渴，也不用再来这么远从井里打水了。"她想的还是物质的水。

耶稣知道，她需要面对自己的真正需求。所以他小心地指出，她需要的是饶恕和救赎。人真正遇见上帝以及真正的转变，总是由此开始的。

耶稣以恩慈和爱心温柔地指出她生命中需要改变的地方，他叩问她的良知："你为什么不去叫你的丈夫来？"

"我没有丈夫。"她喃喃地说。

接下来的这一击或许是最沉重的。我们得知这个女人已经先后有过五个丈夫，而现在又与另一个男人一起生活——他们甚至没有结婚。请记住，在那个时代这是闻所未闻的事。我们不知道她的过去究竟是因为命运的不幸、他人的伤害，还是她自己的选择所致——但无论什么原因，她似乎过着孤立隔绝的生活，躲避着世人的目光。她选择在正午时分去打水，很可能并不是偶然，而是觉得那会儿在井边不会遇到其他人。

所以，这是第三记重击。这位宗教教师会如何对待这样一个女人呢？

耶稣没有指责她——她不爱上帝，违背了所有的诫命，或者把自己的人生弄得一团糟。相反，他向她伸出了手。他要告诉她的是："我了解你，知晓你内心的渴望。我充满慈爱和怜悯。你只管到我这里来，不必再罗列你的罪状，也无需细数那些往事——我都知道。"

女人惊愕地望着耶稣："哇！我看出您是一位先知。"然后她转而讨论起她应该在哪里敬拜的问题，是去撒玛利亚人的敬拜之处，还是去耶路撒冷的犹太圣殿？这点对我们来说似乎有些费解，但耶稣的回答揭示了一个至关重要的真理。

他告诉她，敬拜并不在于去某个特定的地方——这个教堂或那个圣殿。敬拜与地点无关，敬拜关乎的是一个"人"。

这个女人说她知道有一天应许的弥赛亚会降临。她说，"我确信他会把一切都传讲给我们。"

多么讽刺啊！他此刻就站在她面前。

"我就是他。"耶稣宣称，"你不必再去别处寻找了。事实是，上帝一直在寻找你。"

我们的文化常常认为上帝在玩捉迷藏，不想被人找到。但圣经所说的恰恰相反，躲起来的正是我们自己。

这个女人的过去不会让耶稣觉得难以应对。他特意去寻找她，对她说："我了解你，我爱你。"她一直在寻找，渴望得到更多，但她一直在错误的地方寻找答案——现在，站在她面前的就是她从未预料到的答案。现在她终于明白了什么是真正的爱，也明白了在哪里才能找到真正的满足。

这颇有几分现代意味，不是吗？

那么你呢？你渴吗？也许你已经试过了所有办法来解渴。你说："我试过这个，试过那个，然后又准备试下一个。我在这里得到了一点满足，在那里让生命有了些盼头。"为了寻找能让你感到完整的东西，或许你已经试过了一切办法。

看看这个女人的故事，从她的经历中学习吧。她一直在寻找答案。但当她遇见耶稣的那一刻，一切都改变了。她意识到自己找到了不一样的东西，或者说是不一样的人。她跑回自己的村子，不再躲躲藏藏，不再感到羞愧。"你们来看！"她对邻居们说，"来看看这位知道我一切的事却依然爱我的人。"

我们不知道这个女人后来怎样了，但让我来想象一下可能会发生什么。如果几年后我们再回到那个村子，可能会发现她像往常一样在井边打水，但这次是和其他妇女一起，不再独自一人。可能会有人走到她跟前说："你如今看起来很满足。你变了，不再把自己隐藏起来了，发生了什么？"我想，这个撒玛利亚女人的脸上会浮现出温柔的笑容，"我一直在寻找能让自己满足的东西，不停地寻找，但总是缺了点什么。我曾经那么渴，但井边的那个人解了我的渴。"

那么你呢？你是否怀揣着痛苦的秘密、隐藏的悲伤、未竟的梦想，以及难以承受的深深伤痛？耶稣来寻找我们每一个人——不是为了定我们的罪，而是要给我们那活水，满足我们每个人的渴望。

如果我们转向他，就同样能说出："井边的那个人，解了我的渴。"

相关经文

他（耶稣）就离了犹太，又往加利利去，必须经过撒玛利亚。于是到了撒玛利亚的一座城，名叫叙加，靠近雅各给他儿子约瑟的那块地。在那里有雅各井。耶稣因走路困乏，就坐在井旁。那时约有午正。

有一个撒玛利亚的妇人来打水，耶稣对她说："请你给我水喝。"那时门徒进城买食物去了。撒玛利亚的妇人对他说："你既是犹太人，怎么向我一个撒玛利亚妇人要水喝呢?"原来犹太人和撒玛利亚人没有来往。耶稣回答说:"你若知道神的恩赐,和对你说'给我水喝'的是谁,你必早求他,他也必早给了你活水。"妇人说:"先生,没有打水的器具,井又深,你从哪里得活水呢?我们的祖宗雅各将这井留给我们,他自己和儿子并牲畜也都喝这井里的水,难道你比他还大吗?"耶稣回答说:"凡喝这水的,还要再渴;人若喝我所赐的水,就永远不渴。我所赐的水要在他里头成为泉源,直涌到永生。"妇人说:"先生,请把这水赐给我,叫我不渴,也不用来这么远打水。"耶稣说:"你去叫你丈夫也到这里来。"妇人说:"我没有丈夫。"耶稣说:"你说没有丈夫,是不错的。你已经有五个丈夫,你现在有的,并不是你的丈夫。你这话是真的。"妇人说:"先生,我看出你是先知。我们的祖宗在这山上礼拜,你们倒说,应当礼拜的地方是在耶路撒冷。"耶稣说:"妇人,你当信我。时候将到,你们拜父也不在这山上,也不在耶路撒冷。你们所拜的,你们不知道;我们所拜的,我们知道,因为救恩是从犹太人出来的。时候将到，如今就是了，那真正拜父的，要用心灵和诚实拜他，因为父要这样的人拜他。神是个灵，所以拜他的，必须用心灵和诚实拜他。"妇人说："我知道弥赛亚（就是那称为基督的）要来，他来了，必将一切的事都告诉我们。"耶稣说："这和你说话的就是他。"

当下门徒回来，就希奇耶稣和一个妇人说话。只是没有人说："你是要什么？"或说："你为什么和她说话？"那妇人就留下水罐子，往城里去，对众人说："你们来看，有一个人将我素来所行的一切事都给我说出来了，莫非这就是基督吗？"众人就出城往耶稣那里去……

那城里有好些撒玛利亚人信了耶稣，因为那妇人作见证说："他将我素来所行的一切事都给我说出来了。"于是撒玛利亚人来见耶稣，求他在他们那里住下，他便在那里住了两天。因耶稣的话，信的人就更多了。便对妇人说："现在我们信，不是因为你的话，是我们亲自听见了，知道这真是救世主。"

（约 4:3–30、39–42）

第二章

几年前，《华尔街日报》（*Wall Street Journal*）有一篇文章探讨了科技领域正在掀起的变革，尤其是在智能设备方面。这篇名为"智能设备正在让我们变傻吗？"的文章，讨论了那些日常用品——从汽车到垃圾桶再到茶壶——如今是怎样与我们对话甚至影响我们的行为的。

比如有这样一款洗衣机，它会提醒主人："您的用水量很大，能不能隔儿天洗一次衣服？"或者一款烤面包机会提示说："又要吃面包？真的吗？您难道不觉得应该少吃点碳水化合物吗？"就连厨房的垃圾桶也会发出指责："我看到您又没把塑料和金属分开。我们之前不是说过这件事了吗？"还有浴室的体重秤也会发出提醒："从年初到现在您已经胖了十磅，我已经给您约好了一位健身教练。"

这篇文章并不是轻松打趣之作，而是一次严肃而深刻的探讨。文中引用了谷歌首席财务官等商界专业人士的话，说谷歌的计算机科学家们认为这个世界"是个全然破败之地"。[1]

这句话一直萦绕在我的心头：一个全然破败之地。

我们**的确**生活在一个破碎的世界中。到处都能看到破碎的家庭、破碎的心灵和破灭的梦想。或许此刻你就正在经历这些。或许在你的生命中，有些地方需要修补，有些破碎的部分需要修复。

耶稣遇到的另一个人正是如此。接下来要讲的第二场改变生命的对话，主角是一个男人——我们就叫他西门吧。他瘫痪了。原因我们不得而知。不管怎样，西门做任何事都得依靠别人——靠那些愿意用褥子抬着他到处走的朋友。那时候没有轮椅，也没有什么辅助设备——他的生活没法自理，不是一个健全的人。

----

[1] 叶夫根尼·莫罗佐夫（Evgeny Morozov）引述帕特里克·皮切特（Patrick Pichette）的话："智能设备正在让我们变傻吗？"，《华尔街日报》，2013 年 2 月 23 日。

西门的朋友们听说来了个能治病的人，便想带他去看看，反正也没有什么坏处。想象一下那个场景：他们来到那所房子，却看到一片混乱。到处都是人。屋里水泄不通，屋外同样拥挤，他们甚至都无法在门口听一下那个治病的人在说什么。

但既然来都来了，西门的朋友们绝不会半途而废。其中一人抬头看到通往平顶的台阶，灵光一闪，想出了一个大胆又近乎孤注一掷的主意。"把他抬上去吧。"有人小声说。不一会儿，他们就气喘吁吁地把西门连人带褥子抬上了台阶，然后他们开始在屋顶挖洞，用手指抠掉干泥，扯开树枝和草叶。房顶碎片纷纷掉落，砸向下面惊呆了的人群。一时间尘土飞扬，人们惊慌失措。洞口越挖越大，终于，他们小心翼翼地把西门放到了地上，正好就在耶稣的面前。

屋内的人都屏住了呼吸。朋友们在上面注视着，等待着奇迹发生。西门等待着，众人也在等待着。

终于，耶稣开口了："小子，你的罪赦了。"

人们窃窃私语，很快传遍了整个房间。耶稣在说什么？这有什么关系！这太不近人情、不合时宜了！

没有任何迹象表明西门特别有罪，需要被赦免。西门渴望耶稣医治他的腿，但耶稣心中另有一个更大的计划。他并非对西门的身体状况漠不关心，而是要医治西门的心灵。

你或许以为，宗教领袖们会为这个人罪得赦免而感到高兴。但事实恰恰相反，他们的脸色阴沉，开始批评质疑起来。窃窃私语变成了厉声指责，他们说："只有上帝才能赦罪。"

在这一点上，他们完全正确。只有上帝才能赦罪。但接着他们指控耶稣亵渎——冒犯了上帝。对他们来说，耶稣只不过是个加利利的木匠，竟敢说出唯有上帝才有权柄宣告的话。

耶稣知道他们的想法，于是转向他们：

"告诉我，哪一样更容易呢？是对这个人说'你的罪赦了'，还是说'起来行走'？"

当然，说"你的罪赦了"更容易。你只需动动嘴说出来就行，又没人能验证这话是否真能生效。但如果你对一个瘫痪的人说"起来行走"，所有人都会立刻知道你有没有能力这样做。

"所以，"耶稣接着说，"为了让你们知道我是谁，也知道我说的是真的，我要说：拿你的褥子走吧。"实际上，他说的不止这些："但要叫你们知道我有赦罪的权柄……起来，拿你的褥子回家去吧。"

片刻的寂静之后，他动了。西门的双腿突然有了力量，他撑起身子站了起来。人群中爆发出一阵惊呼。西门弯下腰，拿起他的褥子走了。走了！

耶稣说他能赦罪，这既非傲慢自大，也不是信口开河。耶稣知道自己是全能的上帝，拥有赦罪的权柄。

耶稣说："只是医好一个人的双腿吗？不，我有更好的给他。我要赐给他最伟大的礼物，就是赦免他的罪。因为即便他余生都能行走，但在永恒里没有被赦免，他仍将永远失丧。"

那么西门接下来做了什么？这里纯属我的猜测，但我猜他回家了。那个场面该是多么震撼啊！

他的孩子在窗边，瞪大了双眼："嘿，我看到爸爸了。他正沿着小路回来。"

"和朋友们一起吗？"母亲问道。

"不……就他一个人。"

"那不可能，他不能走路。"

"但他真的在走！"

然后——他就站在了门口。他的妻子盯着他，难以置信："到底发生了什么？"

他笑了："我遇见了耶稣。我原以为能治好自己的腿，但他给了我远比这个更伟大的东西：他赦免了我的罪。"

有时我们相信，只要能解决生活中的一两件事情，一切就都会好起来，比如一份更好的工作、一段更稳固的关系、更多的钱、更多的时间、更少的压力。我们寻求各种"解决方案"，希望它们能修补我们生命中的破碎。科技或许能帮上忙，自救或许有用，教育当然是件好事——但它们都不能改变人心。

如果多年后我们问西门，那一天对他来说最重要的是什么，他可能会说："我和朋友们去了那所房子，希望双腿能被治好。我当时最渴望的事是余生都能行走，找到一份工作，照顾好我的家人。"

我想象他会停顿片刻，然后继续说："但他给了我更伟大的东西。那真是太奇妙了。他赦免了我的罪，为我打开了与上帝建立关系的大门。屋子里的那个人，他永远地医治了我。"

相关经文

过了些日子，耶稣又进了迦百农。人听见他在房子里，就有许多人聚集，甚至连门前都没有空地，耶稣就对他们讲道。有人带着一个瘫子来见耶稣，是用四个人抬来的。因为人多，不得近前，就把耶稣所在的房子，拆了房顶，既拆通了，就把瘫子连所躺卧的褥子都缒下来。耶稣见他们的信心，就对瘫子说："小子，你的罪赦了。"有几个文士坐在那里，心里议论说："这个人为什么这样说呢？他说僭妄的话了，除了神以外，谁能赦罪呢？"耶稣心中知道他们心里这样议论，就说：

"你们心里为什么这样议论呢？或对瘫子说'你的罪赦了'，或说'起来，拿你的褥子行走'，哪一样容易呢？但要叫你们知道，人子在地上有赦罪的权柄。"就对瘫子说："我吩咐你起来，拿你的褥子回家去吧！"那人就起来，立刻拿着褥子，当众人面前出去了，以致众人都惊奇，归荣耀与神说："我们从来没有见过这样的事！"

（可 2:1–12）

第三章

教会办公室接到了一个电话，一名男士请求紧急探访。他即将入院接受心脏手术，希望能在术前与牧师会面交谈。我的一位牧师朋友随即前往该男子的住所。门打开后，眼前是一片混乱的景象：报纸与杂志堆积如山，空酒瓶散落各处，烟灰缸满到溢出。

这位六十多岁的男士瘫坐在塑料扶手椅上。他的身体明显能看出多年不良生活习惯的痕迹——双腿浮肿且变色，头发蓬乱，衣着污秽。他解释说，尽管自己从小接受基督徒教育，但后来却背离了信仰，在赌博和酗酒中荒废了一生。如今，他因自己的选择自食恶果。他的心脏衰竭，下周就要接受移植手术。他迫切地想知道，像他这样的人，已经毁了自己的生活，是否还有机会与上帝和好。我的牧师朋友翻开圣经，给他讲了一个故事，在人生的关键时刻，故事中的主人公也有类似的疑问。这个人也曾做出错误的选择，并承受了相应的后果。

这个人曾陷入罪恶深渊，被判处钉十字架之刑——这是有史以来最残酷的刑罚之一。此刻他正挂在十字架上，身旁还有另一个犯人也在遭受同样的刑罚。而在他们中间还有第三个人，就是拿撒勒人耶稣。在耶稣的头顶上，钉着一块手写的牌子："这是犹太人的王。"

士兵和围观者们站在一旁——有的大声辱骂，有的默不作声。在极度痛苦中，第二个犯人尖刻地讥讽耶稣："你不是弥赛亚吗？为什么不救自己呢？也救救我们！"

然而，第一个犯人却低声回话，声音几近耳语："你不怕神吗？我们所受的刑罚是应得的，因为我们所行有罪，但这个人没有做过一件不好的事。"

随后，他尽力将脸转向耶稣，说："主啊，你得国降临的时候，求你记念我。"

耶稣直接回答他："我实在告诉你，今日你

要同我在乐园里了。"

我常常想起那个十字架上的犯人——我们假设他叫鲁本吧。我真的很期待有一天在天堂里遇见他，然后问他："鲁本，后来怎样了？因为你从未有时间去参加查经班，从未受过洗，也根本没有委身教会。然而，耶稣却应许你进入天堂。你果然进来了！这是怎么回事？"

我想象着他犹豫地踏入天堂的荣光之中，虽仍有些茫然，但已从尘世临终时的痛苦中解脱出来。他迟疑地迈出一步，双脚不再被钉子束缚。他的身体已然完整，但仍有些困惑。一个神情威严的人向他走来，目光锐利却和善。

"你在这儿做什么？"天使问他。

鲁本紧张地环顾四周，脸上闪过一丝困惑。他的身体紧绷、心生戒备，以防被人抓住并将他从这宏伟庄严的地方赶出去。

"你在这儿做什么？"天使再次发问。

"我……我不知道。"鲁本说。

天使微微皱起眉头。"你说不知道是什么意思？"

"我的意思是……我真的不知道。"他的声音颤抖着。他能说什么呢？他一无所有。没有一连串善行的记录，也没有惊人的信心之举。

"我想我最好叫主管来。"天使说，然后向着一位地位较高、气度威严的人物招手："我们这儿来了个新人。"

那位年长的天使点点头。"好，我们最好按着清单来核查。首先，你清楚因信称义的教义吗？"

那人挠挠头："什么教义？我这辈子都没听说过。"

天使的翅膀微微颤动，但仍保持耐心。"没关系。那洗礼呢？你是什么时候受洗的？是怎么受洗的？"

鲁本不安地挪动身子。"我没受过洗。"

一阵沉默。长久的沉默。天使们交换了一下眼神。最终，年长的那个问道："那你凭什么在这儿？"

鲁本的神色稍显轻松，仿佛想起了什么妙不可言的事情，他的声音变得平静而坚定："中间十字架上的那一位，他说我可以来。"

中间十字架上的那一位说我可以来。

这就是关键所在，不是吗？无论是当时还是现在，这都是一个颠覆宗教传统观念的惊人真理。鲁本没有机会去查经班，没去教堂受洗，也没有参与慈善事工。那些世人所认定的宗教行为，他一样都没有时间去做。然而耶稣仍然应许他能进入天堂。这里没有神学测试，没有宗教成就，因为天堂不是人靠行为赚取的，这是一个礼物，完全出于恩典——未加过滤、无需赚取、无偿赐予。

另一个犯人则与当今许多人颇为相似："如果你能救我脱离困境，我就信你。为我做点什么吧，耶稣。这是我应得的，我不是坏人。"

这与那句谦卑的请求"耶稣，求你记念我"形成了极其鲜明的对比。

有一首古老的赞美诗很好地表达了这一点，名为《万古磐石》：

> 两手空空无代价，
>
> 单单投靠你十架，
>
> 赤身就你求衣裳，

无助望你赐恩典。[2]

第一个犯人知道自己没有什么可以献上，他知道自己一点都不配，正是基于这些，他向耶稣提出了请求。不知何故，他开始真正理解钉在耶稣头顶上那句嘲讽之语的真谛："这是犹太人的王。"他知道王会拥有国度。他意识到，耶稣有权柄应许他在天堂里有一席之地。

这是怎么回事？为什么耶稣有权决定谁能进入天堂？基督教信仰的核心就是这一不可思议的交换：无罪的上帝之子耶稣，替我们承担了我们应得的刑罚，因此我们才能领受那永远无法靠自己挣得的赦免。另一位伟大的赞美诗作者这样写道：

正因救主为我而死，

负罪之身从此自由，

---

[2] 托普雷迪（Augustus Montague Toplady），《万古磐石》（1776 年）。

公义之神因着耶稣，

得了满足并赦免我。[3]

或许你之前听过这个经典的问题："假设你今晚就要死去，站在上帝面前，他会向你发问：'我为何要让你进入我的天堂？'你会怎么回答？"

如果你或我用第一人称回答——"因为我……"——那我们就错了。"因为我信了，因为我有信心，因为我做了祷告，因为我是个好人，因为我是这个，因为我做了那个……"唯一正确的回答是用第三人称："因为他……""因为耶稣……""因为他说我可以来。中间十字架上的那一位——他说我可以来。他替我死在了十字架上。"

我们很多人都喜欢这么想，如果现在我还没信上帝，那就在临终时信吧。这样，我们现在抓紧时机尽情享乐，以后闲暇之时再及时忏悔。事

---

[3] 班克芳馥（Charitie Lees Bancroft），《在神高天宝座前》（1863 年）。

实上，临终忏悔正是我们那位焦虑的心脏病患者所做的。我的牧师朋友离开后不久，那名男子重复了与耶稣同钉十字架的那个罪犯的话，他祷告说："耶稣啊，你得国降临的时候，求你记念我。"这确实是临终一刻的祷告——最终他在手术台上去世了。但他已迈出了那至关重要的一步——这一步将决定他有永生。他对耶稣说："你得国降临的时候，求你记念我。"

然而，我们谁也不能保证，在临终之时还有时间或清醒的头脑，能像那个男人一样在最后一刻做出决定。所以，现在就是迈出那一步的最佳时机。

那么，当你在生命将尽、站在上帝面前时，他问你为何你能进入天堂，你会如何回答？你会列举自己的成就，指望它们能满足你进天堂的条件吗？**因为我……**

还是你只是简单地说"中间十字架上的那一位，他说我可以来"？

法国画家保罗·高更（Paul Gauguin）是一位伟大的艺术家——尽管他的声誉因个人生活而

可悲地蒙上了阴影。他最大的一幅画作现藏于马萨诸塞州波士顿美术馆。与他的其他作品不同的是，他在这幅画作的一角写下了三个问题：

我们从哪里来？

我们是谁？

我们要到哪里去？

关于这些问题，高更没有答案。但我们有。中间十字架上的那一位给了我们答案。他赦免了我们，给了我们盼望、意义，以及与他永远同在的应许。

相关经文

那同钉的两个犯人，有一个讥笑他（耶稣）说："你不是基督吗？可以救自己和我们吧！"那一个就应声责备他说："你既是一样受刑的，还不怕神吗？我们是应该的，因我们所受的与我们所做的相称，但这个人没有作过一件不好的事。"就说：

"耶稣啊，你得国降临的时候，求你记念我！"耶稣对他说："我实在告诉你：今日你要同我在乐园里了。"

（路 23:39-43）

中间十字架上的那一位

第四章

"井边的那个人解了我的渴。"

"屋里的那个人永远地医治了我。"

"中间十字架上的那一位说我可以来。"

撒玛利亚妇人发现耶稣才是真正能满足人心渴望的那一位。那位瘫痪者明白了耶稣有赦罪的权柄。十字架上的犯人意识到，耶稣能应许他进入上帝完美的天堂，享有永远的居所。

耶稣也向你我发出了这样的邀请：你的干渴能被解除，你的生命能被医治，你能进入天堂。

但让我提醒你：来到耶稣面前并跟随他，并非某种保证此生顺遂的权宜之计。英国著名运动员 C. T. 斯图德曾写道："若耶稣基督是上帝，且为我而死，那么为他作出任何牺牲都不为过。"[4]

---

[4]　Norman P. Grubb, *C. T. Studd: Athlete and Pioneer* (Harrisburg, PA: Evangelical Press, 1933), p. 145.

他深知，这世上的一切恩赐与享乐，无论是今时还是永远，与基督同在的生活相比都不值一提。

如果你已计算过代价，并且愿意接受上帝所赐的恩典，那么此刻便可通过以下的祷告来回应耶稣的邀请。祷告分为三个简单的步骤：A—承认（Admit）、B—相信（Believe）、C—前来（Come）。就这么简单！

天父，感谢您，您是那位满有恩典与慈爱的上帝，您差遣您的儿子耶稣来到世上，好让那些如撒玛利亚妇人、那个瘫子和那个犯人一样的世人来认识您。因您借着您的儿子向我显明了您的爱与恩慈，我也得以认识您。感谢您赐下这宝贵的恩典。尽管我曾背离您，对属灵之事漠不关心，但我深知如今我可以回转，安然奔入您的怀抱。

我承认我曾在错误之处寻求人生的答案与满足。我知道我没有尽心、尽性、尽意、尽力地来爱您。我知道我需要您的慈爱与赦免。我要离弃以往的罪恶。感谢您，使我能以孩童般的信心向您回转，好似饮水一样简单。愿我能品尝主恩的滋味并知道，主啊，您是美善。

我相信耶稣能赐给我永恒的医治。我相信他是您的儿子，他为我的罪死在十字架上，并从死里复活，如今活在荣耀里。有许多事我尚未明白，但我相信您、信靠您。感谢您洞察我内心最深的需要，并赦免我的罪。

天父啊，我渴望进入您的国度。今天我愿归向您，愿耶稣作我生命的主。我渴望您的同在、引领和圣灵更新的大能，带着这样的渴望我来到您的面前。感谢您应许我可以来。

奉耶稣的名祷告，阿们。

如果你已做过这样的祷告，或者希望更多地了解如何跟随耶稣，我鼓励你阅读圣经中关于耶稣的第一手见证。它们记载在新约圣经的前四卷书里：《马太福音》《马可福音》《路加福音》和《约翰福音》。你也可以向提供本书给你的人咨询，他们通常很乐意送你一本圣经。

此外，你也可以通过"生命真理"（Truth For Life）应用程序或 **truthforlife.org** 网站获取更多帮助。在生命真理网站，你可以找到更多关于耶稣的教导，并能免费阅读或收听整本圣经。

同时，我鼓励你积极寻找一间教会参与聚会。如果你不知从何着手，那就找一个注重阅读圣经和教导圣经的教会。关于选择教会的更多信息，可参阅 **tfl.org/find** 上的相关文章。